This book belongs to

....

A A A A A

A A A A A

A A A A A

A A A A A

A A A A A
A A A A A
A A A A A

a a a a a a a

a a a a a a a

a a a a a a a

a a a a a a a

a a a a a a a

a a a a a a a

a a a a a a a

B B B B B

B B B B B

B B B B B

B B B B B

B B B B B

B B B B B

B B B B B

b b b b b b b b
b b b b b b b
b b b b b b b
b b b b b b b

b b b b b b b

b b b b b b b

b b b b b b b

D D D D D
D D D D D
D D D D D
D D D D D

D D D D D

D D D D D

D D D D D

d d d d d d d

d d d d d d d

d d d d d d d

d d d d d d d

d d d d d d d

d d d d d d d

d d d d d d d

e e e e e e e e e e

e e e e e e e

e e e e e e e e

e e e e e e e e

f f f f f f ff

f f f f f f ff

f f f f f f ff

f f f f f ff

g g g g g g g g g g

g g g g g g g g g g

g g g g g g g g g g

g g g g g g g g g g

g g g g g g g

g g g g g g g

g g g g g g g

h h h h h h h h
h h h h h h h
h h h h h h h
h h h h h h h

h h h h h h h

h h h h h h h

h h h h h h h

J   J   J   J   J

J   J   J   J   J

J   J   J   J   J

J   J   J   J   J

L L L L L

L L L L L

L L L L L

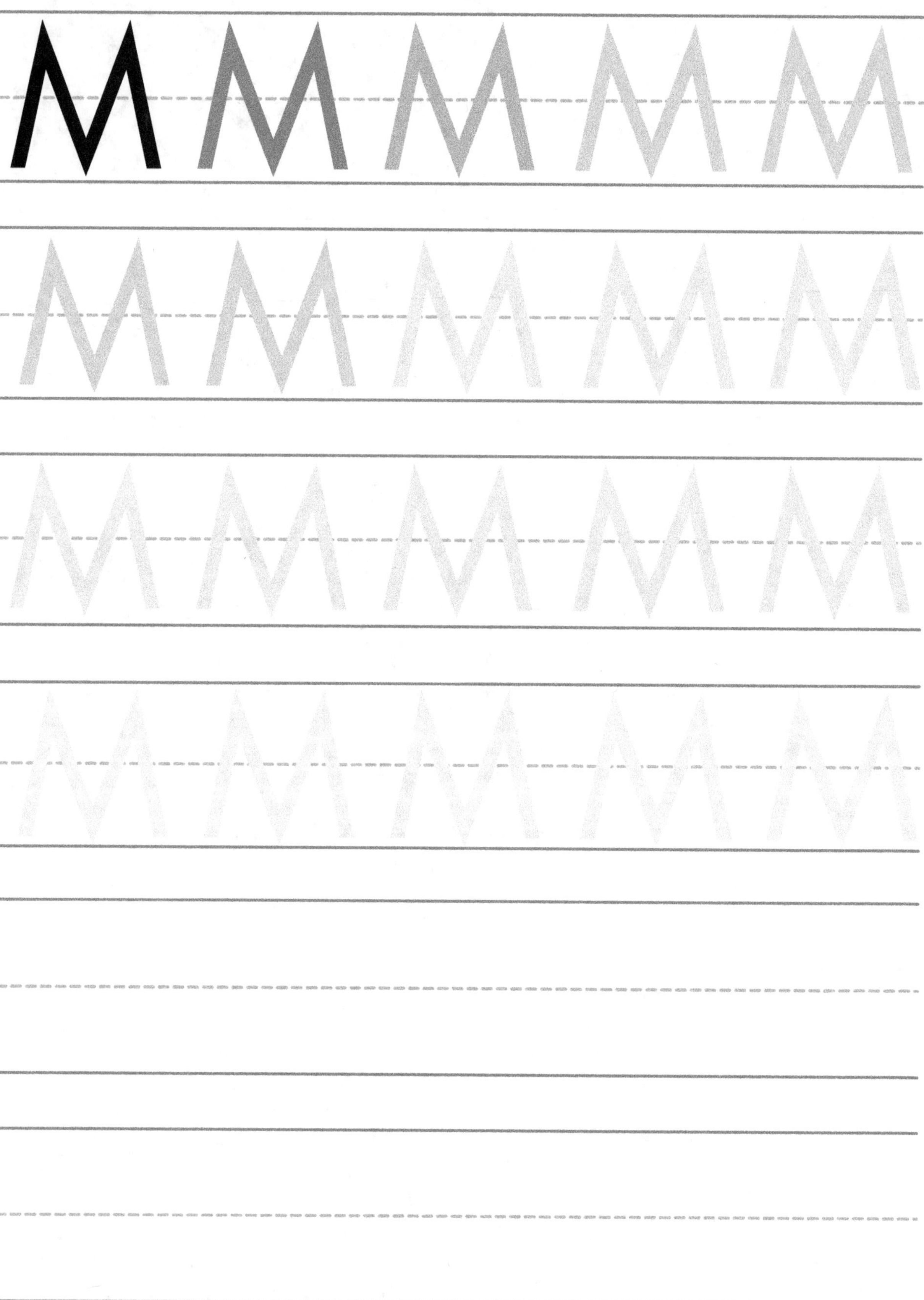

m m m m m m

m m m m m m

m m m m m m

m m m m m m

m m m m m m m

m m m m m m m

m m m m m m m

n n n n n n n
n n n n n n n
n n n n n n n
n n n n n n n

n n n n n n n

n n n n n n n

n n n n n n n

P P P P P
P P P P P P
P P P P P P
P P P P P P

P P P P P

P P P P P

P P P P P

p p p p p p p

p p p p p p

p p p p p p

p p p p p p

p p p p p p p

p p p p p p p

p p p p p p p

Q Q Q Q Q

Q Q Q Q Q

Q Q Q Q Q

Q Q Q Q Q

q q q q q q q q q q q q q q q q q q q q q q q q q q q q q q

q q q q q q q q

q q q q q q q q

q q q q q q q q

R R R R R

r r r r r r r
r r r r r r r
r r r r r r r

S S S S S

S S S S S

S S S S S

S S S S S

S S S S S S S
S S S S S S S
S S S S S S S
S S S S S S S

T T T T T

T T T T T

T T T T T

T T T T T

t t t t t t t
t t t t t t t
t t t t t t t
t t t t t t t

t t t t t t t

t t t t t t t

t t t t t t t

U U U U U U

U U U U U U

U U U U U U

U U U U U U

u u u u u u u u

u u u u u u u u

u u u u u u u u

u u u u u u u u

u u u u u u u

u u u u u u u

u u u u u u u

y y y y y y y y
y y y y y y y
y y y y y y y
y y y y y y y

Z Z Z Z Z Z

Z Z Z Z Z

Z Z Z Z Z

Z Z Z Z Z

Z Z Z Z Z

z z z z z z z z

z z z z z z z z

z z z z z z z z

z z z z z z z z

Z Z Z Z Z Z Z

Z Z Z Z Z Z Z Z

Z Z Z Z Z Z Z Z

1 1 1 1 1

1 1 1 1 1

1 1 1 1 1

2 2 2 2 2

2 2 2 2 2

2 2 2 2 2

2 2 2 2 2

3 3 3 3 3

3 3 3 3 3

3 3 3 3 3

3 3 3 3 3

4 4 4 4 4
4 4 4 4 4
4 4 4 4 4
4 4 4 4 4

5 5 5 5 5

5 5 5 5 5

5 5 5 5 5

5 5 5 5 5

7 7 7 7 7

7 7 7 7 7

7 7 7 7 7

7 7 7 7 7

8 8 8 8 8

8 8 8 8 8

8 8 8 8 8

8 8 8 8 8

9 9 9 9 9

9 9 9 9 9

9 9 9 9 9

9 9 9 9 9

Practice here